I0799559

Reneltta Arluk

mâmitoneyihtamowina ekwa kotakak ayisiniwak ot'swepinikewiniwâwa

nêhiyawastâw
Susan Sinclair

BookLand press

akayasimowin tansi ka kisipîkiskwehk kiskinowātasinahikêw kakeki kwayask kihci mitātahtomitanaw nīswāw nīsosap Reneltta Arluk

nêhiyawastāw Susan Sinclair

ayamihcikêwikamihk ekwa ka kanawiyihtamihk eta kayas iseceiwina kanâta nâtisahikêwina pihci masinahikewin
Library and Archives Canada Cataloguing in Publication

Arluk, Reneltta
[Thoughts and other human tendencies. Cree]
mâmitoneyihtamowina ekwa kotakak ayisiniwak ot'swepinikewiniwâwa
/ Reneltta Arluk; nêhiyawastâw, Susan Sinclair.

(Canadian Aboriginal voices series)
Poems.
Translation of: Thoughts and other human tendencies.
Issued in print and electronic formats.
ISBN 978-1-926956-77-0 (pbk.).--ISBN 978-1-926956-78-7 (epub).--
ISBN 978-1-926956-79-4 (pdf)

I. Sinclair, Susan, 1972-, translator II. Title. III. Title: Thoughts and other human tendencies. Cree. IV. Series: Canadian Aboriginal voices series

PS8601.R52T56125 2014 C811'.6 C2013-907112-1
C2013-907113-X

We acknowledge the financial support of the Government of Canada, through the National Translation Program for Book Publishing for our translation activities. We acknowledge the support of the Canada Council for the Arts, which last year invested $157 million to bring the arts to Canadians throughout the country. We acknowledge the support of the Ontario Arts Council, an agency of the Government of Ontario.

Canada Council for the Arts Conseil des arts du Canada

ONTARIO ARTS COUNCIL
CONSEIL DES ARTS DE L'ONTARIO
an Ontario government agency
un organisme du gouvernement de l'Ontario

niyânan naskweyasihtam sônîyâw isihcikewin nisohkamâtowin ohcî kihcokimanahk ohcî kanâta sâpo ka mamawintohk ka itwestamakeh-kewin kîkway isihecikewin ohcî masinahikan omasinahikewiniw ohcî kiyanaw ka itwestamakehkewin waskawîwina. niyanân naskweyashih-tam nisokamâtowin ohcî kanâta opîkiskwestamâkew ohcî awîyak naspa-sinahikewina tana iskwayâc askî atâwewin mitâtahtomitanaw niyanânomitanaw tpakohposap kisipakihtasowin ka petat awîyak naspa-sinahikewina môniyâw-iyiniw kapê askîy. niyânan naskweyasih-tamwawa nisohkamâtowin ohcî Ontario awîyak naspasinahikewina opîkiskwestamâkew.

"kā miwasik oma ayamowin e opemahkāhk
ita kotak kā nisowanātastek."

~ *ekota kicih milosz' nistam kā tih masinahikātek*

ita kekway kā nepitestek

peyakwāw kike ayānaw

namoya ekwanima tapiskoc kaki powataman
otakosihk kaki mekwa nipiyan ninipawinihk
namoya tansisih sasikoc kaki matoyan
namoya kikwe ekiskeyitamohoweyan

etikwe mamawacih nawac kweyes tawitkamihk oki
tapiskoc kehew mihkwanak kahiyawakik
kaki pim'hacik peyakwaw

sakamowin

nikiskeyiten ci tan'sisih nimikom tatipeyitaman?
ninstotawawak ci nechenimak?
kisakihin ci akameskahk oci?

kihtwām kā pāpayik

kimamtoneyiten kispin akayasimowak
kaki tapasitakik otaskiwah kaki kitimikocik
    otokimamowaw
kihiteyitamwak ci kitaskiminaw tawanitsawkocik
maka tamiskakik otiyisiyinonowaw
kweyes tapaminwecik

kekway māka oma

ekwananima pokoh tapikotamasoyah ekwaina
    kamikowiyahk
ekwa tanotinamasoyah ekwanina eka kamikowiyahk

(oma kicih kā āyimahk pimācihisowin)

nehiyawi tipahikan

peyakapowin, takiskawak asiniy, wisakinaman nisitsah
oki kiyas kanawayitcikewak, nikawis mikisamawin
    acimowin
osawapikone sominapoy ekwa oswapiskoh acansah
tansisih nitaskim
napehkasiwak kaki misonacihkocik
wanisiniw apoci nipowihacakwak.

nikahositan maskikiwapoy ekwa amomey etakwastek
asicih pakwesikan ekwa menisahpohkan
nikitwason tapiskoc ehapihkataman kestakeyah eka
    kiyayin
wiya peyakwan ehisisekaman tapiskoc niya
namoya ekinokih tapiskoc notinkewinewak
nikawes apohetiwew osam mistahih
nikiskeyiten kiskinohamahtokamikohk
apohetikwe nikawis namoya ekwiyikoh ninehiyasicikan
tapiskoc ninehiyaw notinkewiyinew
apohetiwe nikawis ewapiskoyasiwiyan.

kiskinahamawin nipimatisiwinah ekosi tamaskowsiyan
pokoh tapeyakoyan, naway kikikwiyah takiskinotaman
anoch tahayiyan
tiyskwewiyan, niyatipiyawiy.

nikawitamawaw kahosihak notinkewiyinaw
tapwe peyakwaw kisakihitin
makehwa ketis masinpiyiwin pokoh kitayan
    nimamtoneyecikanihk
ekwa kihamatsoskawon mecet askiy
ekwa ewipehtoteyin
neyawtipiyakan, nahnamiskwepiyin
nipihkinpiyomacihon, nisokmosohon
kakiskeyimitin ci kispin kapepakamitiyikeyin
niskwatemihk... kikwiy takihititan? eki pehoyan.

ka peyahtakahk pimātsiwin

ispihk kapeyakokwamiyan nipewinihk
nimiyokwamin
nikihamatsostkon kikihiwikwan
ewitapsomkiwyan
nipimatisiwin kiyapic

pātimā māmitoniyicikan

ekimasinekeyan mana wantipiskanohk
tamositiyan nimantoneyicikana ekwa eka
tapakitinaman niskisik
tapitositat kikwiy kawapataman
mwestas kamamam'toneyitaman

kā ayāskopayik

kipapamoteyinaw oma kipimat'siwinawa
kipakisinaw takakwe saminamah kisikohk ekwa
    tasaminama askiy
ekota
namoya kikwe kinisitotenaw

ite isi nāpew kā cipatapik ote wāpiski misatimohk, yukon

awa ketenapew ehapit asiniwipayihcikan kihkehtakahk
eyitskweyit pisimohk
ekanawapatahk misotenaw
ekota asiskiw kiskapiskaw
emamamtoneyitah opimatisiwin petscinaweh
epitikwapit kiskisiw ispihk
kaki oskiyiwit, ispihk kaki nimitostamawat
okomah ekwa tansisih eki papiyokweyweyit
kimiweyitam okomah epapikweyihat
kweyes astaw wetakeya sipah otastitonihk
ekwa kawih postatontinew
ocipitam omeyestowanah
ekikiskah ohi pakekin'askisinwah
manakaskisitana eki pihtawekwatekih mecetwaw
mecetaskiy
ekatawas'cik wasenakos'mikisak
esihtikwasocik wapakwanisak makah atiht enamatakocik
ispihk nawac ehoskiyiwit, kiwicinimitomew wistah
askaw kinikamaw...
otatam nikamon takiskisotasot osakitonwina
atiht cipahikanisah mescipiyiwa makah namoya
waskawiw
ekota pokoh ehapit
otinam masinahikanwatis, pikinakwah
ispimihk eweyikinkatek miciminikanis
ocipitam kisiwak nawac wiyawih
aciyaw pehoh
otahtam ehewin

pasikoh ekwa atisipwetew ite pisim kiyat

ka tahkopitahk kwāskwepicikansa okwāskwepicikew

kiya kiseyiniw akayasiyiw astotin kakiskaman
tante kakiyaw kinosewak?
namoya pimotewinihk masinehikan waskeyikankamikok
nawac pokoh kisin anoch
kinoswak ci nawatatamwak?
kinote kiskeyiten ci?

kiya kiseyiniw tante ehotinaman ekwanima astiton?
kikwaskwepicikew tanis, maci kaki cacitinat kamamaci
misikitiyit?
maci wiya kakacitinamasot ocewah?
namoya nantaw kiseyiniw, kitakakisken
ekwanima pokoh kahakitek.

ayaskemew awasisak onikamonisiwāw

esi kiskinahamawit awa nohkom martha harry

da-bee-dow
ralung-na
ana-yu
ralung-na

ook-tik-tow
ralung-na
mo-mik-ho-lau-ru-la-runga-a-hey-a-a-a-yay

com-na-nay
nat-tan-bay
ana-yu
ralung-na

ar-look-taw
ralung-na
mo-mik-ho-lau-ru-la-runga-a-hey-a-a-a-ya

(kākeyaw ekota astew oma kā keskwe masinahikeyān)

newayak itasinästew māmitoyiyicikan

nipekiyiwkan mositawinihk ochi ekwa
nipesison
ekwa nipetan nimatewin

nipekiyiwkan kiyas ita ochi ekwa
nipesison
ekwa nokom ekwa nimosom okisinotasowinah

nipekiyiwkan kakamowinihk ekwa nimitonwinihk
    ochi ekwa
nipesison
nistamina nikapetawaw mistikwaskik

nipekiyiwkan kakisimiwinihk ochi ekwa
nipesison
mamtonecikanihk kihew kitapacikanihk ochi

omasinahikew

masinekanatik nicicihk emiciminaman peyakwaw
kihci-mitatahtomitanaw
enakatamihk eka emiyokisitahk
apohetikweh astewahmakah namoya wicac kikawiten
kiya ekote kintaweyimaw awiyak ci?
miyasin nicikastesimowin, etotah pokwesisih kiytotaman
niwecewakan maka namoya mistahih kikweh itotam
ketis pokoh kikwiy kiytotaman tapiskoc
namoya nantaw isikatew tapiskoc peanut butter
namoya kisipipiy'wah iyikinwah
"namoya nikaskitan kikwiy kiytotaman," nititikon
maka kikwiy ochi

yewescana

e cihkiskawiht oskiyis kā nihmet kih tasināsteyiki piko e-wāpātahk omekisima ekwa yewescanisa

ispihk kahapasisiyan nikawe kimoskikwaskwatam, nistam oyakwahonewwisimowin. ekisipikwak ekwa sepihkomehkwawk asicih eyawe'kocikanah notawiy nikitotahik pwatsimonahk nistam ehitoteyan, oskinimitiw aywinisah epimotiyan, kakiyaw awiyak ewapatihak ota asiskiy nihoskiyi nimitiwasakiy. nikisakitannimitiwin!

ehati meskipiyikih askiyah, ninimitiwasakiya pesos esinakwanah ekwa petos asinastewa. nikawiy tapitawih kiyhositaw ekwa namoya peyakwaw ochi mawimow. ekikitapamit manah kasesawiyan watikan ascekewkamkok, enimitwakeyan nakamiw pehtokepayihcikanihk kaki ositak ekote pwatsimowtahk.

peyakwaw emiyiwskamik, notawiy kihakosiw ekwa nikikiskeyitenan namoya takikasitaw tehitotahit pwatsimiwnahk oma kawimiyoskamik. kakac ninepin. emacih kinosiyan, ekwa emacih kakitapamicik nimitiw wiyesiwewak. namoya awiyak ci tawapatah kakimikistahwak iyiniw wapakwanis mihkosipikwak ekwa emihkwak asicih ekaskitewak soneh? ekwa nihoski pahkekinweskisinwah, nehyaw pahkekin ekwa! tipahaskan iskwewak kikiskinahamewewak nikawisah ekwanima katawasistiyikewin. niki mitsinan.

nikitasiwanan nicawis nakawicek ekwah. nikiskeyiten meskanawah ekwa kamiyaskikih ita kakapesihk. peyis ekwa, nikawapimik nikawiy tanimitiwak asiskihk.

nikitakosinan ekwina nistam pwatsimowin. misthih akameyimiwin, siwiyakanak ekwa mekwanak pokwehiteh. nipetawanan otepwestamakew ehisitepwet, "fancy shawl!" nispasihaw nikawiy tahapikatah nestakiyah ekwa kweyes nimikwanah tahastekwaw.

niwitamawaw tahastat tetapiwina nikan ekota apowinihk, ita niyanan onimitwak kahapiyah. ninikanpatan ekwa nikawiy mawasikinam akopah ekwa tetapiwina takitapamit enimitiwak ekwayahk nistam. ninawasiwnenan niyanan nimitiwak ita tamasimiwyah, niwapamaw epitiwkwet metawewkamikok ekwa nimocikisin. nikiskeyiten ewisokesimiwstamiwak.

macipiyin nakamiwin ekwa nimacihopipiyihon ekwa ekwakwaskipiyihiwyan, nihyewekocikanah ewasakakotekih, esoketakosit mistikwaskik, kikawetakosicik nakamiwak.

apitawnimitiwinihk niwapamaw iskwew ehitat nikawiyah namoya takihapit nikan, ehitwahah apiwinihk ite kakihapit. kikiskeyiten nikawiy wapiskiwyas, ekwa notawiy iyinewit.

kiyapic ninimiton ekwaekitapimak nikawiy takiyiwak wahiw ehatitapit. iyiwak ninimiyton ispimihk ekwa sokih.

waskic ka kwanahot

enatotaman kimiwan, emositiyan esapipeyak yewtin
mosapekaseyan, emoyikataman ekwanima
    takihositiyah eka etapwemakah
kipikopeyanaw pamawes kotapiyikiwyan
    saponakomasineyikan

nipiwin eka e naswewasihtaniwik

nitwapaten yotin emacipiwahat konawah
nitotan etah namowiyak ehayat
esapopamicikeyan eta epiwaniyotik
etoteyan ita nawac emiyasik

tipiskoh nitotaten mecet pakitatamonah
namoya niwapaten pitos eyikoh iskwyak ayamihewkisikaw
nikipikskwataw kotawiy awasihaskiy

kihitwew kekac ekinipiyin
ekitwe eka ekinakswiyen
ekitwe eka ekisoki kocit

e yohtemok askisiwin

ketwason kiya minos epitikwepatiyen wasenamowinihk
esapotakotek nikisotehihk
esopatak nimikohm kawehwecewak
ita kaki asiskisik ekota eka kanakatokeyan

e osāwaki miskesikwa

ekitapataman tipiskaw
emamamtoneyitaman ekonih miskisikwa
    ekitapamikiwyan
ekote ochi
ehotemokih
osawakih
niya ochih
nikitapaten waseyahk ekitapataman
ekakisimiwyan eka waseyahk tasipwetemakak
maka namoya waseyaw nitaskekon
pokoh tawecetaman tapakitinsiyan
makah nikiskeyiten namoya etipeyimseyan
nitotinikon

namoya nintaweyiten ekonih osaw'skisikwah
    tahaskokoyan etahewaseyahk
peyakwan tapiskoc eka kanothe isitakoskeyan
    tipiskanohk

kimowan moya kā kitohcik

askew kakimowahk ekwa
peyesiwak kananam'piyitacik kisikohk
sekihewak iyisiyinewah, askew

makah mina askew micikitakosiwak
makah namoya ekosih nitamacihon

nikikesketaiyan namoya ochih peyesiwak
makah kakimowahk

e sihkihpestak

ekitwikiwepahk pimicewan sipiy
yotinwah saskitwah pimicewan sipiy
mitaheh siskiy otinam pimicewan sipiy

pikwesi kā itwepayik otācikiwi twehowin san francisco

kimiwan pawatawmewwin, wasyaw nipin
kimatisew'nakosew
kesewatis'matiw, wapisk'kotew, miyowawesewin

iswatāmowin / pakitatāmowin

namoya ekwiyikoh niya nitehahiten
eyiwak kiya ochi ehemototwawin

kimiwan oma sipwe patāmakan

~ ben doig

kispin wasaskotepiyin cacitinakih atimowaskeyikan
namoy'wak nikahayawanan atim
ophetikwe nikawapatenan oskanah
awina tanawawatew papakwana?

ekā kā kih wayawet

soneh konehk
        piwan
peyakiw
wahowah   wahowah   wahowah

kā nahāskwet

siwanohk
piwanohk
niwapamaw pisim
ekwa ispihk
epasakapiyan
kihastew paskisikan
epaskisikemakahk iskohk
akwacihtipiskaw pisim
paskiswew
acakosah kapakisiniyit
ekota niya
paksiniw acahk
konihk
konahacahk

kā kahnācihcikātek

jesus kinipew nistomitanaw nistosap etatipiponet
kihapisisihaw acakonahk
kawi takinatisit
kanatsiwin asamina

ka pekopayit nāpew

kinwes ispiyin pamaews takaskitiyan takitapamisoyan wapamonihk ekostaman kikwiy tawapataman, ata asiy eki wapataman asay, epimatisiyah iskoh tanipiyah.

sipiyah epimakoteyike iskohk esoskotike askihk, epakitik nistomitanaw misit. kinosewak atamihk enatonawacik kikwe tanipatacik. tipskawin nawac akwaskiskawew pisimwa kinwes iskohk etapokeyitaman ekwanima pokoh ehitakwah. kikwiy makah takitapokeyitamihk kispin ekah ekiwapatamihk kakiyaw tapawewin, peyakoskanahk.

namoya nitotimiskawaw ekwanah pikopiyiw napew sakahk. tapiskoc kakiyaw'wiyak kitwet, atiht pokoh kinokwanah pikinpiyiw sakah ekwa asiskiyiw ayetskowina; apwetikwe epapamotet apoci epapam wasakateyan asamina?

yayotinpiyen mitosihk ekiyekinat onipimwawa ochi mistosowah ehositat yawatakanihk ita maskwak kaki wikicik iskohk apimatisewin ehotinkocik n'tacakonana ekwa tamit'cik weyiwotisewin kisewatisewin ispihci wiya miyotehewin. maciteyitamawin eka kikwiy tamositah, eka ayiwak tamositahwinih. wisakeyitamiwin iciy kamositiyah, namakikwiy ehastek pasceh.

niwikin sakahkoh waskeyikanisihk wah'aw ochi pikiskweinihk ekwa makikwiy paminkiwin ekwa tipeyimwewin. namoya nitaweyiten tawitamakiwiyan kikwiy tamositiyan wawiyak kispin nikiskeyiten niteheh ewanihiwyan namoya n'kakiy n'staweyimkawin ota askihk wiyhaw ehasteyikih tanistaweyimisocik. namoya ota nitiyan ekwa... namoya niya ayiwak... namoya tapwe niya ayiwak...

e ayisacipayik wiyakāc

tapiskoc eka tawe oma tiytamacihiwyan, tapiskoc emoscih kitapataman niyaw, n'tacak esipiwetemakahk ekwa ehakotek spimihk ekwa wasakameskakoyan maka namoyya ekota ehastek.

tapiskoc n'tacak ehasatahk nimamtoneyicikan apisis kikwiyah ekwa niyaw ehotinah, namoya nantaw ehisi pakamskakohk.

kweyeskewek, namoya nantaw niteyiten. namoya nantaw nitoten, n'kiyamapin, ekwanima pokoh ekakikwiy emositiyan, ekosi pokoh, ehisih mositiyan.

mamitoniyihcikan akihtason 249

niwaneyiten tanikih ota kiyiyan
apohetikwe taki nicikwaskotiyan pimihakanihk ochi...
maka nikoskopiyan pamawes tepahkohp tipiyikan
    ota askiykoh
makh, namoya nantaw nawac niki nohte pimihan

kekway kā wāpahtahmān mexicowihk

niwapamawak mocokanmaskikiyiw iyiniwak ekote
    kaki toteyan puerto vallarta
niwapamaw peyak napew sipmakansikansihot
    ekaonat atawasimah
ekwa wikimakana epapimotecik saineh meskanahk

niwapaten manzillo ekwaskan asicih ewapiski
sipiweyikatek asiniwipeyikan ekwa jesus takotch
ospitonah ehopinah tapasihikoyah, wapiskisitcik
    iyamihew atikwak

niwapaten nipiy emecet asinastek ekaskitewosawak
kaskisipikwak, sipikwak ekwa akitosipikwaktakonakwah
ekiyamakonakwa ekwa cacahkaswawah epakamitikih
asinihk kahatihispiyik sasone sakahikanihk
kapewawikih wepacikikweyah

nikiskeyiten tanikeh jack kerouac kaki kisatah

nikotc'ten mecew'n ewacasikih ekwa ekinatakih ekwa
    ehispwakwakih
kimiyoskakon ekwa kisakiskinehikon
namoya wikac kawakiskisin

nimosihaw pisim moya pokoh peyakwaw
ekwa niki miweyiten
kipamitaw tan'si kespiyik nasakay ekwa nikisison

nipeten cacakaswa esoke pamitikeh
osikiyasak epimpihocik, opotasikan kawi
    epotatamakoyahk
nikisisowinan, ekwa kapetakwah awiyak pakasimiwin
ematweh otenah ematweh tepotokiwyan

nipeten pikiskwewina eka enisototaman maka nantaw
    niteyiten

nitepwaten nacakom tanakiskawot ekote mexico

westa sakitaw

kā kihpitinamoh nisowānācihisowin

tan'si eka tanipiyisoh:

> papiyikweyih
> miskisikwah kitapatah
> kiya wankiskisih kisiwak kawikit, apohetikwe
>   wiya kitwam
> pikiskwatakan kitotem wahiyaw ochi kispin
>   niypiyikih
> kiya iteyita kotak awiyak nawac kweyes
>   ehisiyat ispicih kiya
> apohetikwe namoya ekosih ehispiyik
> natotaw, ayiwak peyakwaw kispin
>   nataweyitam
> wetah tan'si kakisipoyoh, kista!
> kiya asponatisih
> ksiewaiseh
> kweyes itotah
> pikiskwaseweh

tanikih oma kiyispiyik?
ekoma kakimaskawak
takipiyen
kakwe nipi'soh
ayiman tahotinamihk
maka, ispiyin mana
tanipiyisoh
taponiwaskawiy, taponipimatisih, tanisih makah
    ekwanima takimiyasik?
tapakitinamihk ekwanima ekwa tehtotamihk

tanikih kahispiyik?

kiwapamitin namoya kiyas, kiypikiskwanaw
nikikisiwatisin ekwa kiskisikwah niki kitapaten
taki miyitan nitakitcikewina
ekwa tante ewikiyan
pokoh kikwiy
pikiskwatitiwin

nimitaten nipiwin katepotikwiyin nawacemakawak
nawac eyikoh pimatisiwinihk
nipakoseyiten emiyawyiyen ekwa

hester ana fester

niteyiten nipiyisewin tapiskco wikasiyiw maskikīs
kotak tihtipēkinikanis petisinamawin
kotak nipiymiyasik teyitamiwin petisinamawin
nipiwin sakitamawin
nipiwin iwepiwin
nakihotinen ayiwak takwtakikaweyan keyapic?
niso kisikaw tapiskoc tapitawih osam kinwes
    iyamakan oma macimanitomacihiwin kamositiyan
    piciyaihk
nimositan macimanitiw siyawin sipaw sakitiwinihk,
    ehotēpayik tanakiskakiyin
namoya kikwe n'simositan wiya makikwe
    tapikiskwatamihk
niwiy pakitepiyin
kitotampiyiskin? ekota kitiyan ci?
kiya moskacihin
nakasin atimonahk
hester ana fester opapiyiw pamacihoskak

nōseyayi nipiwin

ekawanah namoya kiskeyitakosiw iskwew kakaskitew
sihot
mikwakanah senimawinihk, namoya niwapaten
wikwakan
kaskitewsihot
iskohk nistocihc akwan maskisinsah

kāskitewisiwin

kikiskeyiten eka wikac ewapataman pisimowaseyawin
waseyawin nikosten
kiyoteyimitin oma kanote ispwepihiyen ekote eka
  kikwey
kasaminkeyin kitacakohk

tipiskohk emekwamatiwyan nikiwapimaw cipiy
kikwiy epenitaciwet nantaw ochi
nititik ekaskatesiyan
kasktewaw kaskitewaw kaskitewaw
ekaskēyihtakosiyan tapiskoc masinahkanâpoy
  nismasinakatikohk
nikiwansinin tapiskoc asiniy kapitikwe wepinith nipiyk

epapamiyayan ci? kimamtoneyimin ci?
ninohte mamtoneyiten tan'si ehispwakosit
  mâkwahikaniyiw sīwihkasikan
wahiwa, ahnakacah

maciyiw'wak namoya wikac n'stotawewak
  misiwanâcihsak
miyotwawak namoya wikac n'taweyimewak miyatikah
esokeyitakik ekonihk pimotewina
  waneyitkammmmmiwinihk
eponitat kakiyaw miyo macihiwinah

mwestas kawapamitin misinapesis
mwestas nit'ten kimiyowatisewinah
kapikihtewpiyen kikaskeytawin
namoya wikac kawaseyayayin, miyin kiya

nipihk kā nepawihk

kikitapatenaw kitaskiynaw ita kawikiyah
ekwa kinakipitikonaw ekoh ehispicak
ispihk kapasikoyan ekwa ekitapamitan
nisap'wapaten kitsiyawin
kispin kanipiweyan ekakitapamitan kinwes
nika wapamiten piciyihk kiskisikok
ekwa namoya nika kikskeyiten ekwa n'kakwecimison
tanike
tanike kanipowiyahk nipiyihk iskohk kitcikwaniwanihk
ekwa ekakitapatamahk kiskikohk

kā masinpesimisowin

kispin ispiyen osam mispahih nipi ekocipiyitiyan
kahocicipiyen tanistapaweyan

ispimihk nitiyan makah nipepakisinin
nimiyosin atamihk oma pistew timakinasiwinihk
nitapwoniwon atamihk kiyakewinihk maka
    nitapwewoniwon kiyamata

namoya nikiskeyitn maka kiskeyitamowin nawac
    ayiwak eko kiyispitisiyan
sakiyitowin niya
sakiyitowin niya
nisakitan ekwa nimiyiweyiten kiwiy kahayayan

napew kaki wichen ci
niwanitan apisis nipawatamowinah tipiskohk ispihk
    kiy'tey'taman
epetaman kipikiskwewin maka ecisehoyan
namoya nin'stotakowin apohetikwe osam
    ekiskeyimkowiyan mistahih

kisakihiten enohte nisitotatan
kipetatin katacikweyin

nisakitan kihisipimatisiyen, kisinoteyikosih, ayah
kisosowin ehositak maskisino tapokeyitamowinihk

kā yekihtawāk meskanaw

namoya wahaw iskohk miymekanakih
namoyapeyekwan niksiyan
maka osam mistahih tatotaman ekospihk
eki nitaweyimitan nista tasakihiyin

ātaweya nih pa pimpahiwān

1.

ispihk tipiskawpisim ewasesot
miweyitakwanokew
enisowin ositamakan
pimotew kitocikewak pakosēyihtākosiwak
niminomison
iskonikan miyweyitamowinah
takocikamikokwa
niwiyakwataw kichitwaw pisim
paskisikaniwkos'san
nipeten kostamotapwewin
ekota nawiy askiy
miyotakwan, sewetakwan, mostapekasewin, manitokasewin
namoya kiyapic sakicicewinkewin
n'sok'natotaman
nitapitow'sayawina
yakasiy'sok
niya pokoh ci tamitataman oma ochi waseyawin?

2.

mitahtat askiy ksipipiyin, nakataskewin nipahin
mitoneham askiy mamtonecikanochi
miwatamowin etotemakak iskohk mitotamowin kisakihitin
miyowatisowin ekwa nitawikoh askiy tamacitamakan
tapitomscitswinah atamihk
kanipihk namoya kikwey macitawin
ekinakatamihk moskwe'yihtakwanoh mamtonecikanah
kikasinamatin, kikasinamawin ci?
ekwanima mawacih kmayasin tehispiyan!

kisewatisewin, tapiskoc ekwanihe kaki ositiyan ispihk
kahocemitan ekwa eka tamitataman
enohte kiskeyitaman kispin pimatisewin ehayak ekote
awasanohk
enohte kiskeyitamoyitan esakihitan
ewiwitamatan epastahomamtoneytaman
ewaneyitam mamitonetaman ekwa ekiwankiskisiyan
peyakwan kikweyah
ninohte nisitoten ote nikan ekoma ochi kaki
kisipipiyikeh
pikhitēw kisikawa
ewihawiyitan wicitocici tapwewinihk
namoya wikac nika pakitinen oma moyetamowin
awiyak namoya
takaskitaw'siw
ochi kitimākēyimisowin
maka nipwatawitakosin
kisakihitin
nitapokeyiten ocitaw kikwetahispiyik, moya
pokwasowewin
kahitakwan pisikwac'cici kaki kiskeyitaman
kamiyo tipiskawon, miyo akayaso'simakanskan
kahitakoh napesis natahk tayoskinahk oma kiskaw
katipey'tak ekwana pokoh kakikaskitat tahastewehah
oma eka kanahey'tamacihoyan, ekwanima ketis
kositiyan kaskitewin

iskwew māhti oma motayāpisk ta pekopayin

natotah, natotah cipihikanisa esewepiyikihk
kipeten ci? tan'sis'pakwan ekwanima acimowin?
kiwapaten makikwiy tapetamihk
tamositak pokoh

iskwew māhti oma motayāpisk ta pekopayin
iskohk kicicisa emekowakihk
iskohk kayas ochi kiskisowin
ehacimostakoyen tapiskoc mocikitaw tapasineyikanah

kiwapaniten, kiwitamatin ci
apoh'ci yotin kipotatamak kitowikak
kitstawe makwan enakatastek
kiskisowinah namoya namatakonah

ewasakaskakoh
pakatinsoh nicimos nipahatatamowin ekwa kweyes
  totamowin
astew kimotiw mokoman nicicik
pikiskwewinah epikiswataman kitonihk ehispwakah
namoya mistahih kikwey astew
kweyes tawitamihk

kā nōkohtahk

nikinakatikawin takaskapasoyan tapiskoc
    kitcawakanis kametikatek
namoya nantaw etapatah eyah pokoh tahastek
    pikwawin'minkwakanisihk

namoya niki kisteyimkawin ekwa namoya kikwiy
    ekwana iskwew ochi nepewisiw ekwa enisiyahk
niki namoy'tapokeyah nipiytehanan enotinayak pisim

piyakwaw niki asiniyopiyin nitasinikan tapiskoc
ekwana henry v akayasinahk ochi ekwa
    ekimociskisikwah ekwa owestakokan
kispin eki asteyik wiyak, namoya metonih nikiskeyiten

maka peyak kiwiy kikecinahon ekwanima eka ehoci
    nepewisiwinit
niki tapweten okih ota askihkih ekasocik
ekwa ewikoh iskwew emostakwaneyiket

kemoc kih tahkamikisihk

"kemōc ci awa e-tohtāht kerouac?" isi kakwecihkemo

~ *jack kerouac ka mamiskōmiht ita anne charters kāmasinahiket*

1.

tapwe, ci?
waniyikiw ekwa kimasinaham
esipwēyapēkamotat pokohwiyiteh maka mina namoya
  nantaw etamowikih
tapiskoc niya, ewanisik, ewaneyitaman kikwiy ekwa?
tantowah pimatisiwin tapimitsahaman, aya
niki wapamaw nitacak peyakwaw, nikiyoskihmositan
  tapwewin, namatakwan
tapiskoc pawācakinisisi-pisim, enakatiht, konta ehastek...
  kiskisowin
niyinikwewin kihositamawaw nitacak anoch ekwa
  namoya miskamwak
ceskwa tapiskoc jack
ehinstapawet ekota mitatamow'pimatisiwinihk,
  mecetinanohk tapwewak, sokawah
kispin moya mecetowinanowoh tapwewak, nitapwan,
  okih askiy namoya tapwewak.

2.

kiskeyiten ci tan'si ehisiyak oma askiy, tawakin, tawakin
ehisihmiyhapacitah, kikwiyah, ayawinisah, ekwa
natoh kikweyah, anoch ekwa pikitewahpoy'kamikwawh,
kinonswewak ekwa maskisinwah, mecet
maskisin'kamikwah.

ayisiyiniwak pikweytamikwak soniyawah wawiyak,
kikwiy takih tipeyitaman, tanimiyikok n'tiyawaw
soniyaw'kamikok, ay'sinyiniwak osam kakoyahiwak,
soketewak, sokepiyewak, ihkēyihtamwak, ekwa kiyaskak.
ekosi eteyitaman maka mecetiwak paminkewak.

nitakakinakosin ci? nitakakinakocin.
namoyakikinawapamitin, maka kikinawapamitin,
kayasih cikastepiyicikan pimpiyin, ehitwasoyan,
kitwason, kweskimosk, nitotem iskohk miywicewakan,
miywicewakan iskohk nitotem, kikiskeyimitin ci?

soniyaw kiyaskimakisiw, soniyaw'kamikwah
atoskatamewin, mekwacisihtaw, cikâstepayihcikew
masinatahikâkanikeh. cikâstepayihcikew
masinatahikâkanah namoya iyisiyiniwaniw askiyihk,
kiya pikiswasin, kitapath senamawikan, masinateyikeh,
nicipitah, pikiskwew piywapiskos, masowewin
piywapiskosihk, kisowak wiyawihk akoswinmakan.
namakikwiy misih notintewin, namoya ceskwah,
kawi ehapacitah senimawin ekwa sapwastewekin,
kihminikwanaw nipiy mōtēyāpiskiw.

apacitah misowepiyicikanah, kiy'pitwa, niyahih
soniyaw, yakimoh soniyaw, kiskah dkny. kiskah
doc's, macih'napakistikwān ekihositat doc's, awasisak
kahatoskahicik, pokwasiwewin, masinastewin ochi
bennetton, sisikotcewikoh, piyatikiwin, napewih,
iskwewnotinkewih, moyanantaw eskwekaniwih,
kanacitah minisah – ehastek mancos'nipahicikan,
kitiyanaw nipiyisowin, okawimawak enipahacik
otawasimwawa, napesisak pokoh nitaweymananik, misih
ositawinikeh, kipatakewin meyasin, notinkewin mocikan.

nitakison oma x-generation, soketewin, pikatew apoy apisasin mistikosinahk, mistakasah miyatanwah, apisisiw asiy'niwak namoya ayiwak itakowak, apiscih iyakihew atihk. tante etoteyahk, osam mechetowin, kakiyaw awiyak macitwaw, nipakwaten nitakiyah, nipwakatawak mamawintoskwesisak, maciyawak, napewak... napewak...

kāna nohkocihkihk

"ota pohtasta," itweymakan watihk
"kweyes metawe," itwemakan asowatcikan
"makikwiy astis, makikwiy sakiyitowin," itwemakan
misimasineyikan kisinawacicikan
"ota pohtastah," itwemakan watihk

ometawew awa

kikiskeyiten ekiysakihiyin, nisaw
sitwayek niso acopisah
weyakac pokoh tasipwe patiyen
ekwa tawicih metawemacik kotakak iskwesisak

okihtocikew awa

kiya kametawekeyen, wichmetwemin, sokih metaweh,
kintaweyimikosin, kimiyweimkosin, kiy'nakey
kititakwah, kiya pataha petakonahah,
metawew sokih nawac, kweyes pakamahah
anakacah napew, kitotcikewak itapik...

ekwa ekospih kā cihkiskakowān oma kih
poni kitocikemakan kā pōtatiht kitocikanis

e powātiht awa jeannie

ehapiyan ota, natawakik nisoiskwesisak epikiskwecik
napew nikan kanipawit otinew pēyawaw
kihci-matātahtomitanaw soniyaw asinekanah
nika miweyiten kispin takiskeyitaman tante ewikit
kanaweyimew osoniyamah
eteyiktaman itewah isiyiniw kahasiwahat osiniyama
apiskwēsimominihk apo anāskāsimowinihk
apoci ekota kakainaweyitah opisikwac pasasteyikana
oki niso iskwesisak macetakosowak
kekis epasoyan wīhkimākohon ekwiyakimakwa,
ekiposkakaoyan niskowanihk
m'tiswew sikinikwew iskwew ekote gold range sohke
ataskew
siskwew, apohetiwew nistanaw-niyānosap maka
nistomitanaw pēyakosāp esinakosit
ehispakastat westakiya tapiskoc "i dream of jeannie"
enitaweyita ci tanitaweyimikok napewa ekosi, i dream
of jeannie
wah'wah, iskwesis, kiskisomin ekwana iskwew
wapimonihk tahasewasot
nipawataw jeannie, kipawat'tin

peyak tipiskāw kā nepawihk kitotemak kicih

oma pimat'sowinihk pokih tapimacihowyahk
askew tapak'tinsoyahk, tamasoweyak
ayaman tawapatamihk pimat'sowin eka ekiskeyitamahk
    tantey tatakoteyahk
tanisih tehispiyik mwestas?
tante tetapenkowiyan, apociy niya nikanew?
tapitawiy ekwania kamamowicih miyosit iskohk
    ewipemat peyak ewikohk napewak
ekomina iteyitamawan, kiyapic ci
    nikawicewakanimikwak
takacitinikewiyan mwestas kakiksepiyak tapitawih
    kewaiyikon
kipewiyawēn onipeyiw kamikohk ochi kitakasikanak
ekwa pakweyanis ekwa kihpetawetasanihk
ekwa moya wahow ototemah
ekakatapamisk ekwa "tan'si" ehitwet
papeyatik ekwa maka enote kiskeyitahk kakiyew kikwey
ekwa kakiyew kikwey witamawaw
ekwanima peyak tipiskaw ototemitowin notcihitiwin

ekoh oma kahispiyik kikwey mecet meskanawah kaki
    imit'sahen
ekwanima pokoh tipiska kehitweyin
nimanitom namoyawia ekosih kitwam kehispiyin!
kakiswepeyiw sitintohk ekwa mwetas kawapamithk
    kakkisapiyak
apohetikwey iskwayak
miyo wicetowin sakihitiwn ekwa mweyimtowin isiyin

tahispiyin oma iskoh taponipiyik pipin wiya pisim
kikwiyakih miyomacihowinmakisiw
ispihk etipiskaw pipohk ikwanima pokoh
kapimatisiyomakahk ekwanima masowewin ekwa
takeskwehapaosoh piskic takanawapatamihk
    cikasteyipcikan

kā pimotihohk, kā mā masihwihk, kā mā minihkwihk

1.

"kisakihiten!"
"ehah, nikiskeyiten anima."

tan'si maka ekwanima? ehitkweyin ci esakihiyen, maka ponihakamikisih, kweyatapih, wetinah otinah. namoya kakaskitan tapaspahiyen, namoya kiya oma kitotcikan, ponitah. "wapakih kasewepitamatin." ci?

minikwew kamikohk ci emaminkweyin apohci weyiwiyitimihk nikaesewinkamikohkk, ekiwipiktokwew kawiyen, ekeh emamtoney'miyen, maka enitaweyimiyen kisowak tiyayan wiya niya pokoh ekaskitiyan mosihowin tahayayin. apohci ehapiyen mitisewin atikohk kikihk emasinekancikos ehiseh apacihacik raspberry schnapps ekimoc pikiskwataman kimasineykanacikos, piyis ekaskitiyin tapikiskweyin. ayamihew mamtoneyitamowinama kimiweyitamiyikon? ayamihewatikos ci itkwiyikemakan?

mekwac kipapitan askiy, enaweciktiyin, esakotiyan kitsiyewina, namoya awiyak nitaw nakiskotam, niyawiya ochi. namoy kikiskeyiten kikwiya esaponaman, kekiskeyiten ci. epapikiskweyin kipikiskwewinihk, namoya nantaw wiya eka enisitotatan. eha nikiskeyiten esakakihiyen. eha. ewinantaw toteyah tipiskakih ekwa kakinawapimitin ekah takiskwepeyin, namoya nantaw kispin oma ayamitiyinih, apohmina kispin moya.

nikisoweyiten, emamatoyan. kinitaweyimiten semak, namoya kinitaweyimiten tawitamakawyin tanikih ekisoweyitaman mekwac, namoya katac tanipiyan kipesokamikohk, namoya katac tawetamawiyin tanish kweyes tapikiskweyan, tani'sisih takikweyes totaman ekahapoh ekiniyteyheyan. makikwiy ota niya. moya apoh kiya. epimsiniyin, ehiiyamickeyin, kasoyin sepekisteyokamikohk nisomitanaw cipiyikanis. kikwiy ekatiyen? askaw mana kimamtoneyitamihin kispin ekaskitiyin kweyes taminikweyin ekasotowiyin ci?

kikosten, askew kimakwiyikon, makah namoya nantaw. kihisih yakinin cimacesihk, kikanawapimin, kisakowatamatin nimamtoneyicikanh, "kakiyaw kikwiy kiytotamatin, kasakihitin, nikahotinen kiwisakeyitamowina!" kikikinawapamin nisto cipiyikansah, etepweyan, ekwa epakwatamowiyin, kipakitinin ehisiyin, "ekwa."

wahwah, tante tetotehk?

2.

"namoya nikiskeyiten, kiyas aspin kakiskwepeyan."
"kikwiy makah, oma kahisi mamtoneyitaman?"
"namoya nikiskwepan."
"peyak kiminikwan, nikikakispwepan."
"niso, namoya nikiskwepan."

moya kweyes isipikiskwew, spanish apoh akayasimowin, mikoskowanet, eka metonih ewapatah askiy wasakamihk. apohetikwe ekosi ehisinikaweyitah, ekametoni ewapatah kikwey, ekosi pokah moya kamoyikiw, apitaw pokoh wayaneyitamowinah ota askiyth. kamiytin niyaw kispin kaki wapataman kikwiy kawapataman. ekota ekwa namoyakatac kawanitiyin kimamtoneyicikan, timihk, ninistapawan. epasikwetokoyan kotak minikwewinosominis, ayoskan, nitaweyimwewin, taponihatoskehk.

nikiskeyiten ewisakeyitaman pokweyteh, eketameyitaman kipimatisewin, ekwanima pimatisewin. "kisakiyhiten, eminikweyin ci?"

kontah iteyitamewin, apochi ci, kiya nantaw iteyitah tawisak'teyhiniyin, kiya osam itotah. isiyiniw isihotinsoh, makikwiy kispin kimakekwowsin, kiyapic kisakihitin, kipakawaciyiwin. kipwakwaciyiwin ekwa namoya iyawak nikiwihotinen. maka namoya ninote nipin. mistahih ayaman kispin ayawak kiwapaten ispicih kotakak aṣkihk, nawiy isitakoskeh kweyes kehisiwapataman, kawapamawak lego napewak ositacik lego askiyah.

kitapatah, ekota kitiyanaw ekwa miyasinohk kamiskenaw. ekwaninah miyotehewin, kispin namoya kitiyan, miskah kotaketh nantaw.

3.

"tan'simakah chisikitapamitan? kikoh?"

kikiskeyiten, emocokasohk kahminikwehk maka mocokasewin pokoh ispiyiniskohk namakekwiy mocikiwewin astew minikwewinihk. enote nipiyin ci, kiya pimatisih kispin kikosten tanisi kipeyakoskanak eteyitakik, kispin kinote pimatisin, kiya ochi pimatisih, sakiyhisoh, sakitah kanote sakiheweyin, kiya totah kispin kikosen ekwanaimah pokoh kaki kweyeskimohyin. kiya minikwey sominapoy. "kiya matokasoh." ehinisiyen oma, tan'sisih ehisih mikwetaman kikweyah, tan'si ehisiwapateman kikweyah, maka askaw moya kweyes.

kisakicicenitin wiya esakihitan, namoya wikac nistam wiya ekah ehocih sakihitan, namoya kitepeyimitin, kisowak kahisih ayiyin kicimasohin, niyaw tacipiyin, mosihowin, kameskonaman kawakwan, nitotosimak kitapisimikwak kimositan ci? kasaminaman kistakiyah mocih kicihkisikohk.

wāpamon/itāpākan

apohetikwe ewankiskisiyan ispihk kapon'pimoteyan yoskihk; apoh ewankiskisiyan tanispihk epon'kiskisiyan tapitawih ekihayayan. namoya nikiskisin ispihk ekikiskeyitaman kikwiy esimamtoneyitaman, atamihk nimamtoneyitcikanihk; ekote astew nantaw, ekotenitayan. nikiwitamakowin kotakak pikciyih niwapamikwak. apisis pokoh maka, yahapisis. ninote kiskeyitan awinah ekakwe asinawak. ekwanima etikwe awaneyitamikoyan, paki niya ekwa kotak niyamina, ekwana eka kaki wapamak. niki natomik kakiyaw niya maka niki wankiskisin awina wiyah. namoya kikwiy kawapataman kanocikoyan; maka tan'si esiwapamsoyan, ekwananima nicikastepeyiwin wapimonihk.

omantowātsiwak ekwa okiyāskiwak

askew notintowin niwasakaskakon
nikiskeyiten namoya niya pokoh
maka petcinawiy notintowin tapitawih kinipiyikon
ekwa namoya ninote nipin...

isinakwaekwanikih pokoh tapitawih kapimatisicik
ekonihk kicitwawiyak ekwa kakyiskak

pa peyāhtak kāwihkistaman

peta niwapatamowin, pikoh, nimamtoneyicikan ekwa ninote totamowina. nanamaciwinihk nipawih ekwa kicinskaihk nipawih. namoya kiwiy nipawin apwesowin ekwa sapopewin pokh. masowewin kamamawaci meweyitaman, ekwa kiya asichi. kitotiewin tapwe ekwanima, niyawihk, takwata nitawikiy, kispitonaihk nokwanah mecet skwesapoy.

kakiyaw kaki kotspitaman, wikoh pokoh kaki itweyan kispin oma mecewin miyin kakiyaw anoch. kispin oma kisipiyiwin ninotenawiy akocinin. kispin oma ispimihk iyin tapimishiyan. kispin oma metawewin pitikwahin. kispin oma isinastewin kispakisipwekahon. kispin oma akitasowi miyin kimasineyikan acikos. kispin oma iskwantem ekosi esa pitikwahin. kispin ekosih oma namoya nikihehan. kispin oma watiwin ekosih niki nakinen acicikan. kispin awa acakos ekosih pamapekinin. niya iskotewapoy kiwikapomihk. niya wikimakoscikan kitehewinihk. pimatisewin papewaniwiw ekwa akicikewin kitwam ispiyin. ispihk ehewin eyikipiyik niya niki kasihen. tipahamaw napew kitepahkohp nepeyikan minikwewin ekwa kanitakosinaw nakaowatikohk. nikinitaweyiten kasokepitaman kitey ohih ochi nipikiswewina ota kamasinahaman.

e ispicih sōhkekotek

iskotew apoy ekwa sīwapos miyin
pikitew apos ekwa akosiywapos ekwa akohnipiy

nimiweyiten masowewin, itowahk kapisokwacita
miyocacihowin kimositan kiwiyasimihk ekwa
kiwapaten miskisikohk
ita namoya wikac ekipahaman kiton wiya ekakwe
eyehet tatwaw kayakinamihk
eha, ekwatowah masowewein
itowah kisekeyin niso tipeyikana apoh nisosap cipehikansa
namoya makah nantaw
wiya kinaheyiten, kimiyweyiten
kitepeyiten ekwa kihapwesin
ahhh, tante kahiyayan?
tapwe, rené
misitakakiyiskwew wiyatapitawih esokekocih
tapiskoc iskotew tapanask tapitawih nanataw ehitotet
maka moya wapatam tanike tanakit

kākitimahiht okitimahiwew

nimiyweyiten epetaman esoketakwah emisi
pasikwetahot ekwa miywecetowin ositamakah
wecasin tapikonamihk miyohayawin
ekwa esokah kawih takacitinimanih

kā pā pekskwātitohk nanāhtok isi

tawanohk emekwa nakipiyik waskotenikanah
kakeyiw kikwiy ekamwotnakwah
namakikwiy tapetakwa apoh tawapatamihk
isiyiniwak pokoh epikiskwecik, epapcik, ekwa esakowecik
ehapacitacik kiyas pikiswewina
namoya ehapacitah acimiwcikastey
piyikcikan apoh kamiweyitaman nakamowin

tanmataoh ayisiyiniwak
pikskateyitamwak mekwac?

peyak meskanās

kisakihin ci? isi kwecikemiw eka emamtoneyitah
kikwiy epakamskakot napew.

etikwe nitkaki ochemitin ispihk kanakasiyin.

iyaman tamositiyin pimatisowin kisitisihk

askow kisakihitin, makah tan'si takiy sakitiyin
meyweyimsowin?

apoh etikweh nikaki mocowin, makah taniki
takakwe miyohisoyan.

kanisohapacitanaw nepewkamikos tipiskakih apoh ci
namoya niya?

namoya wikac kowapamitin. apohetikwey ketis
emoscih iyanyan makah namoya ewicetan.

kikiskisin ispihk kapetaman epaskisikek. kaki
pasikokwaskotiyin ekwa kapakisiniyan.

peyak pokoh ketis kikwiy ekasketat misatim makah
anoch emetawet namoya katac tatipiyikeh.

isis sisi āha āha

takaki kaskitewaw kasakiy
esokah ekwa emosik
etakakinakwa ekwa ekispakahk
nipason kisimakosowin
peyakwan tapiskoc etasinastek kasakiy
tapikoc atamaskihk, ekaskitewak ekwa emamawak
    asamina niskwekason
    etiyitaman namoya ekosih tehispiyin
makah kinakiskatin ekwa semak nikiskeyiten
awiyak kiya ekwa apoh etikweh
enote samintan, tasaminaman kasakay
sisonesiniyin ekwa enote kospitaman kiton
tawapataman kikwiy ekota
    kiskisikwah katawasisinwah ekwa ehoskiyokih
    kihkwakan kikwiyah
    katawasisowin ekwa enesowin
apohetikwe isis, oma kiya

pitamā ka micisohk

kihitwan, epawataskiyin
makah ota, kiwapamitin esitokapaweyin
mistikokamikohk niso nepeyikanak pokoh
ehayawat, makah namoya nantaw
nihitwan, emasinekesisoyan, emekwah nipowiyan
kaskitew mistoskisinah ekiskaman ekwa kweyes
    ehastekih netakiyah

nikwecimik kikwiy etotaman
niwitamawaw "metisiw nakiwin"

namoya wiya pawatamwesk enitaweyitah awiyah
tasipowetihikot oma ochi kekac metataht iskohk
    niyanan tipihikan atoskewin
oma peyak acimohasineyikan kamiyikoh
nistaweyitakosowin kontah papamacihowin
enote miskaht

namoya kontah iteyitamisk, niya

osawisoniyaw kicih kitocihkanak ekwa kā miwāsik ayānis asapāp

niwapamaw opawacikesk tipiskohk
nititik ewanihoyin
apohetikweh nimacosin
epapeyakoyan ekah ehnitaweyitaman awiyak tawapamit

makah nicikastepiyewin nipikiskwatikon
iskohk yotin epetat komowan
niskisikohk ekwa ekimotapinatikowiyan
nimacikason

opawacikew itew sawanakemo
tipiskaw pisim iyiko nimipiyiwin
epapitat nihnesosowin
ekeyekinat acakosah ewastepiyiyit
emekwa apiyan waskeyikanishk

opawacikew matiw
iskohk kichkisikohk
peyakoyan ekwa kiskwak takotewak
kitocikanah asicih kitocikewapiyah

ekwa takakikitocikewak
makah tapiskoc opawacikew
nipawatamawin nipiw piyinawah

nikoskopiyin
epakicapiyan, ekwa epikweyitaman
atiht pawatamawinah tapwepiyinwah
ekawnima tamitatamihk

kā ayapeyin kā kaskiyihtaman

ehapiyan emiyasik mitsokamikok
ekakitapimak valentino enokwatah schnapps
namoya wikac katac tamitataman
namoya nitamacihon tatapasiyan
makah kikwiy takihitweh ota
epapimsiniyan pisimohk

mamawi ka nikamohk:
enitaweyimitan takiskeyitaman kweyes kisakihitin
kispin pēyakwāw kihci-mitātahtomitanaw kehisi
  pikopiyan ekwa eka nantaw eteyitaman
kiskisih ispihk acimowin kaki hatihispiyik
makahekwa kisipweyitan ekwa nipikweyiten

epimsiniyan sinohk meskanahk namoya nantaw etamohk
emiciyan pikasikew askipwāwa
ekanawapmakik napewak ekanawapamacik iskwewa
  ekanawapmiyik piyesisa epapamihiyit
tapiskoc kiytitakwa epimakotek miteh
niwanihawak pehesowak kimowanihk
namoya niki miciminen oma kiysiyayan
takotemakan asamina

mamawi ka nikamohk

tipiskoh metoni miyasin
namoya wikac ekwiykoh nimiweyiten
kispin tapitawih omisih ketamacihowyan
niwanitan nipehowin
ekwa ota ehapiyan emamamitoneyitaman tanikeh
  kapikopiyik

nanampiyin nicici esekisiyan
niskisikwah yayotepeyinwah ispihk eheywin ekanacipiyik
nipimstisowin atikisipiyik makah niwikisitaten
namoyanantaw niki toten
oma tapwewin
namoya niya oma
etikweh kawihispiyiktehispiyin

mamawi ka nikamohk

eteyitaman ekah eki mitciminsoyan
emamamtoneyitaman kispin kiya kanote kiskeyimitan
wipac kisikawihk kikaskeyimitin
namoya nikiskeyiten kiskeyitmaowina

mamawi ka nikamohk

enote witmatan epoyoyan
namoya ayawak kisakiyhiten
nimamtoneyiten kispin awaneyitaman apoh
    ewisakeyitaman
makahnikiskeyiten namoya kitwam oma nika toen asamina
etikweh kawih nikahastan kweyes asamina
nikamoskakinen kakiyaw kikwiyah
nikipakitinen takiyaw kamiyatah
ekwa nikasipwetan

kā ayācimowak kā kipahikātek minihkwewikamik

totosapoy kinwākicēs ci oma?	Blake
eha, ekotowah	René
eha, awa arabian	Doug
ochi australian	Doug
tantowah totosapoy?	Blake
misipapakahawan totosapoy?	Wing
namoya, namoya australian	Doug
namoya nikisketen tatowah totosapoy, onicaniw!	Doug
nehiyaw totosapoy	Blake
mitotosimihk ochi!	Blake
micikos totosapoy?	Wing
tapwe wiya iranian	René
ochi australian	Doug
kikwiya ekota kiytasineyikatek?	Blake

ewako piko kā wāpahtamān kākohkek, tahkoc tahkascikanihk kā astek omisih etastek "ayisk oma... mostoso tohtōsāpoy"

kikwiya kiyawaw emamskotamek?	Aaron
totosapoy takooch misowinkaskapitcikan	René
kikwiyekonima etastek?	Wing
ponihastoskew totosapoy	Blake
takastew totosapoy	Doug
apotasakey? isinakwan apotasakewin	Wing
ponihatoskewin totosapoy	Doug
nawatinah; kitapatetak	Blake

Doug pasiko e nātahk anima pewāpiskos

mikohonicaniw totosapoy!

apotasakewah	Blake
masineyikewin ekwa mikomostos	Wing
ekwnima, ewikoh australian masinatiykan	Doug
isinakwan tapikoc apotasakew masineyikewin	Blake
mikonapew totosapoy	Wing
nimiweyimawak moskwak ekaskitesitcik ekwa ewapiskiskitcik	Blake
tan'si maka etapatah?	Wing
kakitapacitan tapakwesikanokeyin, kestepoyin	Doug
ahow, kahotenenaw ekwa kakitapatenaw tan'si esinakwa	Blake

siyiwpakwesikansak! Blake/Doug/Wing

kā kihyaw mihcihceya ekota pewāpiskosihk e ispayiki

wiya kicih nechee

ohpiw, wakipiyihiw, yakitiwin ekawe sakotat
ekawe piyakwan isipiyihot kawi takiskeyimiht
pyakwaw pokoh

meskotonam niso misitah peyak
    newowasakapiyisah ochi
wiya opicociyiw okimaw
pokoh kikwiy kaskitaw

kisakiyhiten: kisimis

ta kih isināhkwahk cikāstepayihcikan

wikitiw peyakoskanak
mitawimaw namoya ayapiw, epikiskwatat
  sewepitcikanihk mamawecih oskiya apoh
  oskiyotikeyoh awasis
nikawiy ekwa notawiy kinotintowak pamawes
  kasewepitcikeyan ekwa nikawiy makwetam
emakekwawsit, ċikih, enatotwat iskwesisa
  epikiskwatiyit otawiya
nipawiw, apohetikwe kasiyakanet

"nikawiy! notawiy itwew kiya ekwa tanakatokeyin
  misiyawina..."

oskinikiskwew kawi natotam seweoitcikan

"... namoya kihakitam ekwa"

ekā kā patahamiyahk

wecimiyiw
piyatik
wikimakan
iskwew
waskeyikan
sewepcikan

wecimiyiw
piyatik

macihowina
pimatisewin
napew
wikimakan
tapsomakan
iyamitasona

macihowina
pimatisewin

anima cipahikanis tastawāyi

sasoneh otetapowinwawa ehapicik
epetacik kotak papowin
kiwan mina eniweyitwe
pehowin miyasin pamawes katepwek

tānsoki mistikwak kā kih osihecik new mexico

mecek askiy aspin, kisowak san pueblo, mecet paskwaw mostwak kihiyawak. iyisiyinowak ekota kawitkicik kimiyayawak, ekwa sakihewak paskwaw motoswah ekwa namoya ochi kostewak iyisiyinowah ekota. mwestas askiy kipikiskwanawew wapiskoyasak ehati natakocik. ekocih, mecet mamawapowina kihayawak mistahi kipikiskwatamwak kikwiy tetotakik, wiya mina otiyisiyinimwawa emiyimacihoyit ekwa pisiskowak esekisicik ekwa etapasicik.
peyak kiseyiniw, medicine man manysmartmoves, iteyitam otiyisiyinima ekwa paskwaw mosos namoya kamiweyitamwak newotipiskaw iskohk manysmartmoves itotew ispatinak ita paskwaw mostosak ehayiyit, ekwa kikakiskimostawew mamaw'witawimawa. wapacikewin tawiskam enisto tipiskayik. ekota epapimisik, kamaci yotiniyik ekwa paskwaw mostosak kisowak kanipawiyit kamaci waskow wepokocik yotin. ekwa nikanihk ewasesoyit askitakosinakosiyit opikanisa kahopikiyit ekwa ehaskiyopiyik. enestosit ekwa emiweyita, onatawiyiwew manysmartmoves kaskisimiw iskoyac kisikaw ekwa tipiskaw, enanaskomat mamow'wetawemawa kasaweyimikot. kawi kikiwew ita otiyisiyinima kapapeyikot takiskeyitamiyit tan'si tetotakik. onatawiyowew tepwatam mamawapowin ekwa witam kawi ewiwicewat paskwaw mostoswa sipatinahk tanakatetamawat okicitakosowinwaw. kewitamak mamaw witawimawa oki wapiskiso iyisiyinowak namoya instotamawak takiceyimacik askiyohiskwewa ekwa kakiyaw kikwey ekotakashastek.

ehitew oma kahisi wapata oki paskwaw mostosak takweskimowak nipawih ayisiyinowak kespiyiwak iskohk takaskitacik tamiyo wikitcik kawi. ekoma san pueblo nation ositawak otinkewin ekwa kawi kiwewak ekwa kakisimostawewak oki nikan kawi hayiyit ekwa kasokisiyit askiyo iskwewa. etipiskiyik manysmartmoves itotew paswaw mostosihk ekwa kakisimostamowew. ekwa asamew sipisis ita kaminikweyit sewaso askitako opikiyitcikan. tepakohp pisim ehispiyiniyik ita paswaw mostoswak kaki nipawicik ekwa nipawak askitiko mitosak.

ekwa anoch epamicikeyin new mexico ekwa sipatinak mecet cimasowak emisikiticik, mitosak kiskisowak peyakwaw eki newokatecik ekwa eki kweskimcik tamiyacik kotaka pimatisowin. kaki wicitasonaw kawi tatakotecik kispin kitapokeyimsonaw ekwa pokoh kikwiy pimatisiyimakan ekwa mantowan. mahsi cho.

nehiyawi kesikāw

kiwapamitin, kikanawapamitin, etwasoyan ekanawapaiyin piyekansih, kiwapamitin mistikwaskiksimowin ekote dettah, ekotawasik kiskotakay, etikwe eki kaswatamakowiyin. pepiyak ekimikistehah kisakihitowin, emamitisih kiskamihk.

mamwestas mina kiwapamitin. emekwa pikiskwatatcik isiyinowak. kitopikan, miyasikih kikwiyah etotaman.

nimamiktisin, ekwanima emiyweyitaman, takakinaman, eka ewansiniyah tapiskoc askew kiyiteyitaman. emacimiyopiyah, kayasikikwiyah, kisteyitamah.

kipakamahaw mistikwaskik ekwa kinikamon, kikinawapamitinan... kiwaseson.

misiweskamik kā kisitek

ahaw askiy. nitayan ota anohc.
epimatisiyan. ehayayan.
ewapamikowiyan. en'stonakowiyan. ota.
apisis nawac nitapatisin makah kiyapic niwaseson.
enitaweyitaman. askew emamawmoyan.

tan'si askiy. nimamasineyikan asamina. kayas aspin.
makah kiyapic papisih. kemot'sih. kisowiyeweh.
ewikiskeyitaman ksipin oma acimowin emiyasik
  tatotamihk.
wipac.

tan'si askiy. kikiyokatin anohc.
nikitotan iteh nawac ekisipwek.
niki pakasimon tatokiskaw. pokoh tetotaman.
kikisastew ekota.
nikiwapaten takakasinastewina ekota.
tapiskoc eka wikac ehoci wapataman.
etakakisinakwak ehaskiytakonakwah, nipiy.
iyihiy askiy tamisyosiyin.

askiy! kawi nikihk. ota. kewetinihk.
osam kisitew namoya nimiweyiten.
niwaneyiten.
apohetikwe askiy kaponipiyin wipac.

kispewātowin wahkotowin

1.

napesis kanawapmew epakisiniyit nape
kipaham oskisikwa ekwa wankiskisew
oskiskisowina kipocapinikiw.

kisakiheyo owakomakana
awina eka kaki miyikot kakiyaw wiya
kiyapic akwan tawapatamihk.

makah ispihk kimowan eponi matok
ispihk yotin eponi kakwe nitatawkocik
kiwapamitowak ekwa kikiskeyitamwak apohetikwe
    kiyapic peyawaw kaki ehiyawak.

kasiham asiskiy kaki hasteyik wapimonih mecet askiy
kihitapiw tapwapata tante kahayat
wicikapowistawew ekwa wapamew napewa kawi
    itapiyit.

peyak oskat askihk ekwa kotak ekote
ikosih iteyitam. ekosi atisiyaw.
maka anohc wapatam onesosowina ekwa namoya
    tapwetam.

2.

ekinakatikot napew wikimakana
kaki nipahit napew ekiskisimkot ostesimawa
enisosihit
kaskitew watkihk epakitiniht tawici mitsomat okawiya
ekweskiwepinikot mecetwa osakitowina ekwa onotey
ayawina
kisakihiwan peyawaw apoh niswaw
nisokih otinen motewapisk, kaweyekinkasok ekwa
kaotatamihk
kihopinam osikwan ispimihk nipihk iskohk ehinstapowet
ekwa moya mosih esamitiniyikih osita
kiskisew kskiyaw kikwey tapiskoc etakamiht
kiskisew tapiskoc nistam
namoya kikwey akwan tapiskoc kitapamisowin
namoya kikwe kaskitawin ksipin eka kiya ehocikpiyik
namoya kikwe matisowin tapiskoc osameyimisowin.

3.

ekinosit apitawcosisan napew
kaksitew osāwāniskwēt ekwa osawiyiki oskisikwa
oskowan tapiskoc poiyekoskana ekwa oton takpiskoc wiya
nitaweyitamawawak macimanitowak nawac
kamiyopiyicik kitwam
takwetciyihit napew opimatisowin tapitawih emitcimohot
namoya nantaw mistahe kaki totamwak
epimotewake piyak pokoh maskisin
kispin apoh note wicipimotemewak kamaskisiyit
makah wahow pepiyak ehapicik
wiya nawac ayiwak ayamisiw
emicimohot pimotew meskanaw askihkih.

4.

eki wankiskisiyihk mitanis
eki sakohit napew ekiskisiyikot ohm'simawa
kaskitew atihk'skwew enaktiht tamamitisot
mectwaw ewasakanikot otsiyawina ekwa mosihowina
kisakihewew pyakwaw opoh niswaw
ayiwak sokih kipakimskakoh pisikwasowin, peyak
    tipiskawah, metawewin
ispimihk nipihk kihastaw ostokwan iskohk
    enistapawet
askew kipakitinam oskata tasamiskah askihk
kiskisiw kakiyaw kikwey tapiskoc ita kaki omikit
esasamina ekiskisit eki pwakwaciyiwit
tapwewin tapitawih notkwan
aspēyimowin astew sakitowinihk
namakikwey akwan tapiskoc tȧpwewin.

5.

ehap'sisit kewetinohk skwew
kaskitew osawansket ekwa osawiyikh oskisikwah
oskowan tapiskoc opiyekoskana ekwa oton wiyah
nitaweyitamawawak maciman'cosak ayiwak
    tatipamawicik
takwetciyamit iskwew opimatisowin tapitawih
    epatcitakosket
namoya mistahih kaki totamwak
tahaskot otapasiyiw
kispin apoh wiwici pimotemewak maskisah
niso peyak ekwa ewapamat kotakah
epimotew kiyaskowinit
emiweyitah wasinowin.

6.

emoskwewot okosis ekwa ewankiskisititowot otanis
peyakwaw asamina esakihewet
episikeyitakit tatoh kikwey tapiskoc eyikoh iskweyac
tatoh maskisowin piyis natahomakan
namoya wikac waskeyikan kaki astaniw eyakohk
    tahnipawistah acicikanah
epitosipiyik kikwiy opikin
tipēyim'sowin asteyiw sakitowinihk
ekwa namakikwiy macimanitowak ota.

itwewinis kā miyonāhkwak

1.

mosihowina kispiyinwah
kisakihitin
mihkotonah wasepiyikwaw

2.

wasepiyik
oma wesakitamowin tapiskoc saponkanah
niyow wesakeyitamowin ekisowak

3.

kihmiyosowin
miynakwan
tapiskoc napew enotinowak osawisoniyawah

mâmitoneyihtamowina ekwa kotakak ayisiniwak ot'swepinikewiniwâwa

nihapin niwasenamowinihk
emamamtoneyitaman kispin esakihiyin kiyapic?

...nipwapaten tawiyih paskisikanihk...

kiyapic nimamtoneyiten nipowin.

askow etapiyan
ite ehayayin ekwa ehisimiyo kitapataman
oma iskwewin, ceskwa,
iskwewak.

kispin esa takihiyayan kitocikan tapamotitiyan
kispin esa eka ekwiyikoh wahow kihiyayin
askiy ispimihk etaskatiyikatek.

okemokih mamtoneyicikana.
ematawakih ci?
kakiyaw oma miyayawin kikwiy ochi!

"nikipeten mexico kaki hatawan sominapoy peyak
nepwyikanak ochi."
ekiskwepet napew epikiskwatat ekota Gold Range
Street kotak okiskwepew wecewakakna

"namoya nitapiw keyimaw kisemanito.
nitapokeyimawak kisikiwiyak."
napew San Diego ochi, "Tony"ekota Bob
ekanaweyimat oskiyah - Amsterdam

nipimisahen nispakowina, ekwa kimamtoneyimitin.

ehapiyan ot daisy dream askiyihk...

kiseyiniw ositaw waskeyikan tepakohp peyak'sap
etatiponet
miskam owekowin, oteh
ekwa manikwew.

"wakasaoy otēhimina ekwa sipikoh totosapoy."
napew osikinkew ekota Macy's flagstaff emamskotah

mecowin osicikatew tapiskoc kitsiyinaw,
kikwiy semak katawakeh, sinamawin kakiyow kikwey.
tanimeyikoh semak kaki miyonakosin,
tanimeyikoh semak kaki metison?

mitciciyiw sewepitcikanah enipiyikoyahk ci?

"soniyaw namoya kaki wicitasiw pimatisiwinihk."
awiyak kisowak ehitwet nawac emekwa miyopimatisihk

katapokeyitaman ci kikwiy kakiskaman...

namoya miyasin tamocowihk miyosihowinihk.

"ispihk iskohk iskiyac mitos eki kiskatahot
ispihk iskohk iskiyac sipiy episcipomakah
ispihk iskohk iskiyac kinosew eki nawatiniht
ekwiyak ekota kamisken soniyaw namoya kaki mowaw."
iyiniw nehiyaw itwewin

takakih pikiskwew itwew pokoh miypikiskwewina
nitawikahk emakwa pitikwawaot
tapiskoc awasis ewinakotek nitawikowin.

nawac ci emiyosiyan ispicihikok tamaciyoyan?

...ekiteyitaman askiy niya pokoh ochi...
...eki teyitaman niwihowin eki tapwemakah...

sakihitowin esapotemakah pimotew meskanasihk
tatwaw katakoskeyan, apisis neya pakitin.

nawatinkew ayapiy kaskitaw kahotinah kakiyaw kikwiy
kikwiy kiyah?
ekwa, nakahotitinikon ci?

petosowepinkewin emaciyik nipowin
metatamowin ehastek nistikwanihk
emam'toneytaman mestas kikwiyah
ehwikomsot napew itew kaminikwewot.

"pokoh tamskaman niwapacikewin."
"kotak minikweh, kamisken."
oskiyokapesyiokamikok ekote Paris
mistikosoh Quebec ochi emetawet potacikanis nakiw,
ekwa kicimokoman napew naskwaw

askew ehiyayah kiteyitenanaw
ekwa kimiskwetenanaw namoya ekosi
mamaskac oma mispiton kawewepsoyah.

apoh etikwe namoya ochi kitsoyawin
makah ekwananima kanote acimohk
ekwa acimowina pokoh tawitamihk.

apohetikwe kispin takweskahak nipisimokan
ekohk kapakamiyik oyaw
ekota ekwa nawac kamiyasin tawecetan.

nikitimeyiten konta etiyikoyan
makah, tapitawoh ci tasakikowiyan?
askew namoya ninote kaonta etiyikowin
askew ninote wankiskisitotakowin.

kikwiy ci epatahaman ota?
pisiskih ekwetaweyimitan
apoh
kotak kikwey ekwetaweyitaman pisiske kiya?

nipikopiyin anohc tipiskaw, kikwetaweyimitin
nimitaten eka eki mositiyan
apoh etikwe namoya kiwapaten, makah nimositan
ocikowapowina, tapiskoc kimowan, pakitinwah.

"itey kawi toteyan namoya nantaw tatakotek."
Antoine Mountain nipawew pimotewstansihk
emiyopikiskwasowet

namoya niki peten wapakih wiya otakosihk
ayansipakatawanak nitawikahk.

kispin kikiskeyitaman eyiko metawewin: ekwakispin
kanitametaweyan, namoya wikac nitawkiskeyiten...
etikwe kaki itwan episikwac iyayan, ewanihoyan,
namoya teyitakwakih totamowina
ota niki hiyan ekwa kimoyometawanaw.

kakiyaw kikwaskanah
itakiw napew esakihisk.

kweskeyitamowin pikopiyiw napew osokisowin.

pyekwaw niki kwetcimaw napesis kispin enisitotah
    pimatisowin
kihiwew, "ehah, iyikoh anima metawakanis eki
    atawehk, ekwa ekiskeyitman kiya kakanaweyiten."

ahasowak metawewak yotinihk
tapiskoc awasisak emetawecik eyakohk.

"mecet askiy aspin... ispihk asiniyak eyoskisicik."
Robbie Romerro

kakiyaw ota ehapiyak, masinekan acikos ekwa
    masineyikan
kakiyaw kiyanaw masineyikewak
kakiyaw mistahih kimitatenaw.

pimatisowin mecet meskanawah nipimotiyikon
kiwasteyikan kista ci?

kikwiy enitaweeyitman?
tante enote toteyan... piskis takoc.
ha haha.

kaskitew, sowispakwan sayawin nicestatiy
niwisakeyiten.

nmaoya nipawin = kikwiy kanitaweyitamihk ekwa eka
kaki nipahk iskohk emiskamihk.

niteh ekostac macihk.

kispin ekota taki nipoweyan epitikwe tapiyan
kiskisikohk
kinwes iskohk eka kanote kipahaman niskisikwah
apoh etikwe ekwanima sakihitowin.

ekosesa makah.

nih kiskinahawācimowewin

okik ayisihyiniwak ekwa itawina kāke sihkiskākowān oma kicih masinahikan kih mihhcetiwak māka namoya oma nika kih kaskihtāhtay ta masinahamān kespin ekā nohwihcayāmākanak. oma ohci nihkāwiy, Suzan Marie, ekwa netsān, Chris Marie, mena kicih nohkom ekwa nihmosōm Archie o sohkihtehewin, o maskawisewin ekwa mena o iyinesiwin oma ohci askiy ka itāhkamikahk ike kiskinahamawit ekā kekway ta ayastāhikoyan e yotihmok nitih ekwa ka nitoniket nihtāhcāhk.

nihnohte kiskinahawācimāwak oki necimosak kākih atawiyimihcik, kākih cihkiskawihcik ekwa kakih ati sakihicik, keyawaw kicih ohinitayamowina. nihnanāskomon oma askiy ita kā mātahikosihyan nih tāhkoskewina ekwa kā samihkik nihskesikwa miyonākosiwin, kiya mena kicih ohi nitayamowina. nih nohte nistawinawāwak oki ayisihyiniwak otayamowiniwāwa kā kahcihtinimit ekosi māka e-nohte āsowinamān kotakak kicih namoya niya piko.

nih nohte nistawinawāwak BookLand Press e oyastācik nihtayamowina mena e-nitotākik āyhay. nihtotemak osakihiwihwiniwāw kā sihtoskākowan ekosi e opahhowān pikwihte e ispiyayān ekā kekway e kipiskākoyān mena e tapahtihyimowan mewayātamowinihk. mahsi cho.